Libro de Registro de Acciones

Nombre de la
Sociedad: _____

Fecha de Inscripción: _____

Ficha/Folio: _____

Nombre y Domicilio del Accionista	Títulos Emitidos		Fecha de Emisión	Suma Pagada o Totalmente Pagadas
	Cert. No.	Cantidad de Acciones		

Notas:

_____

_____

_____

_____

_____

_____

_____

_____

Fecha del acta	Mencione si se anularon acciones, o se emitieron nuevas acciones	Nota relacionada (venta, perdida, traspaso, aumento de capital, entre otros.)

Nombre y Domicilio del Accionista	Títulos Emitidos		Fecha de Emisión	Suma Pagada o Totalmente Pagadas
	Cert. No.	Cantidad de Acciones		

Notas:

_____

_____

_____

_____

_____

_____

_____

_____

Fecha del acta	Mencione si se anularon acciones, o se emitieron nuevas acciones	Nota relacionada (venta, perdida, traspaso, aumento de capital, entre otros)

Nombre y Domicilio del Accionista	Títulos Emitidos		Fecha de Emisión	Suma Pagada o Totalmente Pagadas
	Cert. No.	Cantidad de Acciones		

Notas:_____

_____

_____

_____

_____

_____

_____

_____

Fecha del acta	Mencione si se anularon acciones, o se emitieron nuevas acciones	Nota relacionada (venta, perdida, traspaso, aumento de capital, entre otros.)

Nombre y Domicilio del Accionista	Títulos Emitidos		Fecha de Emisión	Suma Pagada o Totalmente Pagadas
	Cert. No.	Cantidad de Acciones		

Notas:

_____

_____

_____

_____

_____

_____

_____

Fecha del acta	Mencione si se anularon acciones, o se emitieron nuevas acciones	Nota relacionada (venta, perdida, traspaso, aumento de capital, entre otros.)

Nombre y Domicilio del Accionista	Títulos Emitidos		Fecha de Emisión	Suma Pagada o Totalmente Pagadas
	Cert. No.	Cantidad de Acciones		

Notas:

_____

_____

_____

_____

_____

_____

_____

_____

Fecha del acta	Mencione si se anularon acciones, o se emitieron nuevas acciones	Nota relacionada (venta, perdida, traspaso, aumento de capital, entre otros.)

Nombre y Domicilio del Accionista	Títulos Emitidos		Fecha de Emisión	Suma Pagada o Totalmente Pagadas
	Cert. No.	Cantidad de Acciones		

Notas:

_____

_____

_____

_____

_____

_____

_____

Fecha del acta	Mencione si se anularon acciones, o se emitieron nuevas acciones	Nota relacionada (venta, perdida, traspaso, aumento de capital, entre otros.)

Nombre y Domicilio del Accionistas	Títulos Emitidos		Fecha de Emisión	Suma Pagada o Totalmente Pagadas
	Cert. No.	Cantidad de Acciones		

Notas:

_____

_____

_____

_____

_____

_____

_____

Fecha del acta	Mencione si se anularon acciones, o se emitieron nuevas acciones	Nota relacionada (venta, perdida, traspaso, aumento de capital, entre otros.)

Nombre y Domicilio del Accionista	Títulos Emitidos		Fecha de Emisión	Suma Pagada o Totalmente Pagadas
	Cert. No.	Cantidad de Acciones		

Notas:

_____

_____

_____

_____

_____

_____

_____

Fecha del acta	Mencione si se anularon acciones, o se emitieron nuevas acciones.	Nota relacionada (venta, perdida, traspaso, aumento de capital, entre otros.)

Nombre y Domicilio del Accionista	Títulos Emitidos		Fecha de Emisión	Suma Pagada o Totalmente Pagadas
	Cert. No.	Cantidad de Acciones		

Notas:

_____

_____

_____

_____

_____

_____

_____

Fecha del acta	Mencione si se anularon acciones, o se emitieron nuevas acciones	Nota relacionada (venta, perdida, traspaso, aumento de capital, entre otros.)

Nombre y Domicilio del Accionista	Títulos Emitidos		Fecha de Emisión	Suma Pagada o Totalmente Pagadas
	Cert. No.	Cantidad de Acciones		

Notas:

_____

_____

_____

_____

_____

_____

_____

_____

Fecha del acta	Mencione si se anularon acciones, o se emitieron nuevas acciones	Nota relacionada (venta, perdida, traspaso, aumento de capital, entre otros.)

Nombre y Domicilio del Accionista	Títulos Emitidos		Fecha de Emisión	Suma Pagada o Totalmente Pagadas
	Cert. No.	Cantidad de Acciones		

Notas:

_____

_____

_____

_____

_____

_____

_____

_____

Fecha del acta	Mencione si se anularon acciones, o se emitieron nuevas acciones	Nota relacionada (venta, perdida, traspaso, aumento de capital, entre otros.)

Nombre y Domicilio del Accionista	Títulos Emitidos		Fecha de Emisión	Suma Pagada o Totalmente Pagadas
	Cert. No.	Cantidad de Acciones		

Notas:

_____

_____

_____

_____

_____

_____

_____

_____

Fecha del acta	Mencione si se anularon acciones, o se emitieron nuevas acciones	Nota relacionada (venta, perdida, traspaso, aumento de capital, entre otros.)

Nombre y Domicilio del Accionista	Títulos Emitidos		Fecha de Emisión	Suma Pagada o Totalmente Pagadas
	Cert. No.	Cantidad de Acciones		

Notas:

_____

_____

_____

_____

_____

_____

_____

_____

Fecha del acta	Mencione si se anularon acciones, o se emitieron nuevas acciones	Nota relacionada (venta, perdida, traspaso, aumento de capital, entre otros.)

Nombre y Domicilio del Accionista	Títulos Emitidos		Fecha de Emisión	Suma Pagada o Totalmente Pagadas
	Cert. No.	Cantidad de Acciones		

Notas:

_____

_____

_____

_____

_____

_____

_____

_____

Fecha del acta	Mencione si se anularon acciones, o se emitieron nuevas acciones	Nota relacionada (venta, perdida, traspaso, aumento de capital, entre otros.)

Nombre y Domicilio del Accionista	Títulos Emitidos		Fecha de Emisión	Suma Pagada o Totalmente Pagadas
	Cert. No.	Cantidad de Acciones		

Notas:

_____

_____

_____

_____

_____

_____

_____

_____

Fecha del acta	Mencione si se anularon acciones, o se emitieron nuevas acciones	Nota relacionada (venta, perdida, traspaso, aumento de capital, entre otros.)

Nombre y Domicilio del Accionista	Títulos Emitidos		Fecha de Emisión	Suma Pagada o Totalmente Pagadas
	Cert. No.	Cantidad de Acciones		

Notas:

_____

_____

_____

_____

_____

_____

_____

Fecha del acta	Mencione si se anularon acciones, o se emitieron nuevas acciones	Nota relacionada (venta, perdida, traspaso, aumento de capital, entre otros.)

Nombre y Domicilio del Accionista	Títulos Emitidos		Fecha de Emisión	Suma Pagada o Totalmente Pagadas
	Cert. No.	Cantidad de Acciones		

Notas:

_____

_____

_____

_____

_____

_____

_____

_____

Fecha del acta	Mencione si se anularon acciones, o se emitieron nuevas acciones	Nota relacionada (venta, perdida, traspaso, aumento de capital, entre otros.)

Nombre y Domicilio del Accionista	Títulos Emitidos		Fecha de Emisión	Suma Pagada o Totalmente Pagadas
	Cert. No.	Cantidad de Acciones		

Notas:

_____

_____

_____

_____

_____

_____

_____

_____

Fecha del acta	Mencione si se anularon acciones, o se emitieron nuevas acciones	Nota relacionada (venta, perdida, traspaso, aumento de capital, entre otros.)

Nombre y Domicilio del Accionista	Títulos Emitidos		Fecha de Emisión	Suma Pagada o Totalmente Pagadas
	Cert. No.	Cantidad de Acciones		

Notas:

_____

_____

_____

_____

_____

_____

_____

_____

Fecha del acta	Mencione si se anularon acciones, o se emitieron nuevas acciones	Nota relacionada (venta, perdida, traspaso, aumento de capital, entre otros.)